KvR

KLEINE VOH-REIHE

BIST DU VON OBEN GEBOREN?

C.H. Spurgeon

Christlicher Verlag
Voice of Hope

1. Auflage 2023

by Verlag Voice of Hope
Eckenhagener Str. 43
51580 Reichshof-Mittelagger
www.voh-shop.de

Übersetzung, Lektorat und Design: Voice of Hope

Bestell-Nr. 875.296
ISBN 978-3-947978-96-0

Soweit nicht anders vermerkt, wurden die Bibelzitate der Schlachter-Bibel 2000 entnommen.

INHALT

KURZBIOGRAFIE

von C.H. Spurgeon

»Als ich von meiner Sünde überführt wurde, wusste ich, was Gerechtigkeit Gottes ist. Wie kann Gott gerecht sein und mich, der ich schuldig bin, dennoch rechtfertigen?« Diese Frage quälte Spurgeon für eine lange Zeit, obwohl er getauft war, christlich erzogen und belehrt wurde, die Bibel las und täglich betete.

An einem Sonntagmorgen befand sich der 15-Jährige in einer Methodisten-Kapelle. Da der Prediger dieser Gemeinde nicht kommen konnte, betrat ein hagerer, ungebildeter Mann die Kanzel und las Jesaja 45, Vers 22 vor: »*Wendet euch zu Mir*[1], *so werdet ihr gerettet, all ihr Enden der Erde; denn Ich bin Gott und keiner sonst!*«

---

1 In der englischen Bibel KJV heißt es: »Look unto Me« – Schaut auf Mich.

Spurgeon dachte später daran zurück: »Er hatte nicht viel zu sagen – Gott sei Dank, denn das zwang ihn dazu, seinen Text immer wieder zu wiederholen, und es gab nichts, was ich mehr brauchte als diese Worte. Dann hielt er inne und blickte dorthin, wo ich saß, unter der Galerie, und er sagte: ›Junger Mann, du siehst sehr elend aus, und du wirst immer elend bleiben, wenn du diesem Text nicht gehorchst. Junger Mann, schau auf Jesus Christus, und du wirst gerettet!‹ Dann schaute ich – nicht mit meinen Augen, sondern mit meinem Herzen. Ich sah Jesus Christus, den Erlöser. Der Heilige Geist, der mich befähigte zu glauben, gab mir durch den Glauben Frieden. Ich wusste so sicher, dass ich Vergebung empfangen hatte, wie ich früher sicher gewusst hatte, dass ich verdammt war. Ich war meiner Verdammung sicher gewesen, weil das Wort Gottes sie erklärte und weil mein Gewissen es bestätigte. Aber als der

Herr mich gerechtfertigt hatte, war ich mir aufgrund derselben Zeugen ebenso sicher.«

Der Seelengewinner

Spurgeon liebte den Herrn und die Erlösten, die ja auch zum Herrn gehören. Er war zu jedem Dienst bereit, aus Dankbarkeit gegenüber seinem Erlöser für Sein wunderbares Heil. Zuerst gab er Traktate an Bekannte weiter, dann verteilte er sie von Haus zu Haus und verkündigte den Menschen an der Haustür das Evangelium. Bald darauf begann er, dasselbe Evangelium an unterschiedlichen Orten in der Sonntagsschule zu verkündigen. Gott stattete diesen jungen Mann mit einer seltenen Beredsamkeit aus und gab ihm im täglichen Studium der Heiligen Schrift tiefe Erkenntnisse Seines Wortes, die er den Kindern ausdrucksstark zu vermitteln wusste. Ein Jahr nach seiner Bekehrung, Charles war gerade 16 Jahre alt, wurde er damit beauftragt, in dem kleinen Dorf Teversham seine erste Predigt zu halten – die erste von Tausenden. Unzählige danken dem Herrn, dass sie durch diesen glaubensstarken Seelengewinner zur Erlösung in Christus gerufen wurden. Viele Tausende hörten jahrzehntelang seine Predigten, die zudem niedergeschrieben und vielhunderttausendfältig gedruckt wurden und durch welche bis heute Millionen von Menschen gesegnet wurden. Doch den größten Segen durch seinen Dienst ergoss der Herr über die etwa 800 Studenten des von ihm gegründeten Predigerseminars. Die Gründung und Führung eines großen Waisenhauses gaben ihm reichlich Gelegenheit, seinen Glauben in tätiger, praktischer Liebe zu beweisen.

Das Leben dieses gesegneten Predigers und Seelengewinners zeugt noch heute davon, was das Herzstück seiner Botschaft war: die Gnade des lebendigen Gottes, die in Jesus Christus erschienen ist.

Verfechter der souveränen Gnade

In Seiner Verkündigung war Charles Spurgeon zudem ein treuer Kämpfer gegen das verwässerte Evangelium und für die Wahrheit und Reinheit der Lehre. Er hielt zu der Lehre von der souveränen Gnade Gottes, die sich in seinen Worten und seinem Leben widerspiegelte. »Manchmal, wenn ich die übelsten Personen unseres Viertels sehe, könnte ich in Tränen ausbrechen, dass mich Gott niemals wie diese Menschen hat handeln lassen. Ich hätte bestimmt die extremsten Sünden begangen, abgetaucht in die Tiefen des Satans, ohne Schranken und ohne Halt, wenn Gott mich nicht davor bewahrt hätte. Ich glaube, ich wäre der ›König der Sünder‹ geworden, wenn Er mich alleine gelassen hätte.

Ich kann nicht verstehen, warum ich gerettet wurde. Es kann nur einen Grund dafür geben: Gott wollte es so. Ich kann selbst bei genauestem Hinschauen nicht entdecken, dass es da in mir selbst irgendeine Andeutung eines Grundes gäbe, warum ich Teilhaber der göttlichen Gnade werden durfte. Wenn ich jetzt in diesem Augenblick nicht ohne Christus bin, dann hat dies seine Ursache nur darin, dass Christus Jesus mit mir Seinen Plan hat. Dieser Plan war, dass ich da sein sollte, wo Er ist, und dass ich an Seiner Herrlichkeit teilhaben sollte. Ich kann die Krone nirgendwohin legen als auf Sein Haupt, das Haupt Dessen, der mich gerettet hat von meinem Weg, der in die Hölle führte. Wenn ich so auf mein Leben zurückschaue, kann ich sehen, dass hinter allem Gott stand, Gott allein

Ich habe mein geistliches Leben nicht selbst angefangen – nein, ich habe vielmehr gegen die Dinge des Geistes getreten und gekämpft; als Er mich zog, bin ich Ihm eine Zeitlang nicht gefolgt; in meiner Seele war ein natürlicher Hass gegen alles Heilige und Gute.

Und so bin ich mir heute sicher, dass ich es sagen kann: ›Er allein ist meine Errettung.‹ Er war es, der mein Herz verwandelte und mich auf meine Knie brachte vor Ihm.«

Lieber Leser,
Spurgeons Predigten und Schriften zeigen, dass Gottes Gnade der einzige Grund für die Erlösung von Sünde und Tod ist. Man kann seine Bücher nicht lesen, ohne über den großen Reichtum der göttlichen Gnade und über die Wirksamkeit des Opfers Jesu zu staunen. »Spurgeon bietet immer gesunde Nahrung für unser geistliches Wohl. Nie war die Wahrheit, die er auf so gewinnende und kraftvolle Art verkündigte, nötiger als heute.« (Martyn Lloyd-Jones)

EINLEITUNG

»Prüfe mich, HERR, und erprobe mich; läutere meine Nieren und mein Herz!«

Psalm 26,2

Zwischen ähnlichen Dingen den Unterschied zu erkennen, ist von größter Bedeutung, denn der äußere Schein kann trügen. Dinge, die dem Anschein nach gleich sind, können doch dabei das genaue Gegenteil voneinander sein. Ein Skorpion kann wie ein Ei aussehen und ein Stein wie ein Stück Brot, aber sie sind weit davon entfernt, dasselbe zu sein. Was auf den ersten Blick gleich aussieht, kann sehr unähnlich sein. Das ist besonders in geistlichen Dingen der Fall, und deshalb sollten wir hier besonders auf der Hut sein.

Es ist sehr schwer zu sagen, wie weit ein Mensch religiös sein und doch in seinen Sünden sterben kann, wie sehr er einem Erben des Reiches Gottes ähneln und dennoch ein Kind des Zorns sein kann. Viele Unbekehrte haben einen »Glauben«, der dem wahren biblischen Glauben ähnlich sieht und doch kein wahrer Glaube ist. Manche Menschen zeigen fromme Neigungen, die die Wärme geistlicher Liebe aufweisen, aber sie besitzen nicht das Gnadenleben. Jede Gnadengabe kann nachgeahmt werden, ebenso wie Juwelen nachgemacht werden können. Wie künstliche Edelsteine den echten erstaunlich ähnlich sehen, so ähneln scheinbare Gnadenwirkungen erstaunlich dem Wirken des Geistes Gottes.

In Angelegenheiten der Seele ist es nötig, genau achtzugeben, sonst betrügt man sein eigenes Herz. Es ist zu befürchten, dass schon viele im Irrtum befangen sind und ihre Täuschung nicht einsehen werden, bis sie ihre Augen in jener Welt des Verderbens öffnen, wo ihre Enttäuschung in der Tat schrecklich sein wird.

Der natürliche Mensch – das heißt der geistlich Tote – kann sich äußerlich den Christen anpassen, aber er wird von sich aus nicht zu einem echten, lebendigen Kind der Gnade werden. Das göttliche Leben in der Seele schafft einen unendlichen Unterschied zwischen dem Menschen, der es hat, und dem, der es nicht hat. Worauf es ankommt, ist, gewiss zu werden, dass wir dieses Leben haben.

Bist du gewiss, dass du Leben aus Gott hast?
Bist du gewiss, dass du Ihn hast?

Wie furchtbar ist es, »Friede, Friede« zu rufen, wo es doch keinen Frieden gibt (Jer. 6,14), und sich selbst angenehme Dinge einzureden, sein Herz leicht zu machen und sein Gewissen in Schlummer zu wiegen – und niemals aus dem Schlaf zu erwachen, bis ein Donnerschlag des Gerichts dich aus deiner Vermessenheit aufschrecken und in endloses Grauen stürzen wird.

Ich möchte meinem Leser gern bei der Selbstprüfung helfen, und ich wünschte, dass er weiter kommt als nur bis zur Prüfung: dass er zu solch einer Gnadenfülle gelangt, dass sein heiliger und glückseliger Zustand ihm selbst zu einem Zeugnis wird.

Dieses kleine Buch soll ein Sieb sein, das die Spreu vom Weizen trennt. Mein lieber Freund möge es auf sich selbst anwenden; es dürfte das beste Tagewerk sein, das er je getan hat. Wer seine Kassenbücher durchsieht und feststellt, dass sein Geschäft nur Verlust gemacht hat, wird vor dem Bankrott bewahrt. So dürfte es auch manchem meiner Leser ergehen. Sollte er jedoch entdecken, dass sein geistliches Geschäft gedeiht, so wird ihm dies ein großer Trost sein. Niemand verliert dadurch etwas, dass er sein eigenes Herz aufrichtig erforscht. Lieber Freund, versuche es doch jetzt!

KAPITEL

1

UNTERSCHIEDLICHE URSPRÜNGE

»Es steht doch geschrieben,
dass Abraham zwei Söhne hatte,
einen von der [leibeigenen] Magd,
den anderen von der Freien.
Der von der Magd war gemäß dem
Fleisch geboren, der von der Freien
aber kraft der Verheißung.«

Galater 4,22-23

Abraham hatte zwei Söhne. Ismael und Isaak waren unbestreitbar wahre Söhne Abrahams. Dennoch erbte der eine von ihnen den Segen des Bundes, und der andere wurde einfach nur ein wohlhabender Weltmensch. *Seht, wie nahe sie sich doch standen!* Sie wurden in dieselbe Umgebung hineingeboren, nannten denselben großen Patriarchen »Vater« und wohnten im selben Zeltlager wie er. Und doch stand Ismael außerhalb des Bundes, während Isaak der Erbe der Verheißung war. Wie wenig kommt es da doch auf die Blutsverwandtschaft an!

Ein noch merkwürdigeres Beispiel als dieses trug sich ein wenig später zu: Esau und Jakob wurden von derselben Mutter als Zwillingsbrüder geboren, und doch steht geschrieben: *»Jakob habe Ich geliebt, Esau aber habe Ich gehasst« (Röm. 9,13).* Der eine wurde Gott wohlgefällig, der andere war gottlos. So nahe können zwei einander stehen und doch so weit voneinander getrennt sein! In der Tat, es ist nicht nur so, dass *»zwei in einem Bett [sind]; der eine wird genommen und der andere zurückgelassen werden« (Lk. 17,34),* sondern zwei kommen zum selben Zeitpunkt zur Welt, und dennoch wird der eine sein Erbteil bei Gott in Empfang nehmen, und der andere wird sein Erstgeburtsrecht für ein Linsengericht verkaufen. Wir mögen derselben Gemeinde angehören, im selben Wasser getauft sein, gemeinsam das Mahl des Herrn feiern, dieselben

Lieder singen und gemeinsam beten; und doch können wir zwei so gegensätzlichen Völkern angehören wie der Same der Frau und der Same der Schlange.

Paulus erklärt die beiden Söhne Abrahams zu Prototypen zweier Menschengruppen, die sich einerseits sehr ähnlich sind und sich andererseits doch völlig voneinander unterscheiden. *Sie sind verschieden in ihrem Ursprung.* Zwar waren beide Söhne Abrahams, aber Ismael, der Sohn Hagars, war der Nachkomme Abrahams unter gewöhnlichen Bedingungen: Er wurde gemäß dem Fleisch geboren. Isaak, der Sohn Sarahs, dagegen wurde nicht auf natürliche Weise geboren; denn sein Vater war hundert Jahre alt, und seine Mutter war weit über das geeignete Alter hinaus. Er wurde seinen Eltern vom Herrn geschenkt und *kraft der Verheißung* durch den Glauben geboren. Dies ist ein bedeutungsvoller Unterschied, der das wahre Kind Gottes von demjenigen unterscheidet, der es nur von seinem Bekenntnis her ist. *Die Verheißung* liegt der Unterscheidung zugrunde, und die Kraft, die zur Erfüllung der Verheißung dient, schafft und erhält den Unterschied. Deshalb ist *die Verheißung,* die unser Erbteil betrifft, auch unser Test und Prüfstein.

Wir wollen diesen Test sogleich anwenden, indem wir feststellen, ob die Kraft, die die Verheißung erfüllt, auf uns eingewirkt hat. Lass mich dir dazu ein paar Fragen stellen. Wie wurdest du bekehrt? Geschah es durch dich selbst, durch die Überredungskunst anderer Menschen, durch fleischliche Gefühle, oder geschah es durch das Wort Gottes und das Wirken Seines Geistes? Du behauptest, wiedergeboren zu sein. Woher willst du das wissen? Kannst du dich absolut auf Gottes Verheißung stützen, oder vertraust du einfach deiner persönlichen Entscheidung? War es deine Natur, die versuchte, sich zu verbessern und in ihren besten Zustand hinaufzuarbeiten? Wenn ja, dann bist du wie Ismael. Oder wurdest du, als du geistlich tot warst und keinerlei Kraft hattest, dich aus deinem verlorenen Zustand zu erheben, vom Geist Gottes erweckt, der Seine göttliche Macht in dir entfaltete und bewirkte, dass geistliches Leben von oben in dich eindrang? Dann bist du wie Isaak. Alles hängt vom Beginn deines geistlichen Lebens ab und von der Quelle, aus der dieses Leben zuerst hervorging. Wenn du im Fleisch begonnen hast, dann hast du im Fleisch weitergemacht und wirst im Fleisch sterben.

Hast du nie gelesen: *»Was aus dem Fleisch geboren ist, das ist Fleisch«?* Das Fleisch wird nach kurzer Zeit zugrunde gehen, und du wirst von ihm das Verderben ernten. Nur das, *»was aus dem Geist geboren ist, das ist Geist« (Joh. 3,6)*. Darin besteht die Freude, dass der Geist leben wird, und von Ihm wirst du das ewige Leben ernten. Ob du nun ein religiöser Bekenner bist oder nicht – ich möchte dich inständig bitten, dich zu fragen: Habe ich die Kraft des Geistes Gottes erfahren? Hat der Herr mein Wesen verändert?

Ist das Leben, das in dir ist, das Ergebnis deiner eigenen natürlichen Wünsche? Oder ist es eine neue Natur, die dir von oben eingepflanzt wurde? Ist dein geistliches Leben eine Schöpfung des Heiligen Geistes? Bist du in Jesus Christus neu geschaffen worden? Bist du durch die göttliche Kraft wiedergeboren worden?

Gewöhnliche Frömmigkeit ist nichts weiter als eine natürliche Wesensart, die mit einer dünnen Schicht von vermeintlicher »Gnade« vergoldet wurde. Sünder haben sich selbst aufpoliert und den gröbsten Rost und Schmutz weggeputzt, und sie meinen nun, ihre alte Natur sei so gut wie neu. Dieses Ausbessern und Instandsetzen des alten Menschen ist zwar schön und gut, aber es reicht nicht an das heran, was nötig ist, um in das ewige Reich Gottes einzugehen. Du kannst das Gesicht und die Hände Ismaels so oft waschen, wie du willst, aber du kannst ihn nicht in einen Isaak verwandeln. Man kann die Natur zwar verbessern, und je mehr man das tut, desto besser ist es für gewisse zeitweilige Zwecke; aber man kann die Natur nicht zur Gnade erheben. An der Quelle selbst liegt ein Unterschied zwischen dem Fluss, der dem Sumpf der gefallenen Menschheit entspringt, und dem Strom, der von dem Thron Gottes ausgeht.

Vergesst nicht, dass unser Herr Selbst gesagt hat: *»Ihr müsst von Neuem geboren werden!« (Joh. 3,7)*. Wenn ihr nicht von oben her wiedergeboren seid, dann nützen euch all eure Gottesdienstbesuche gar nichts. Eure Gebete und eure Tränen, euer Bibellesen und alles, was nur aus euch selbst gekommen ist, kann nur zu euch selbst zurückführen. Das Wasser steigt natürlicherweise nur so hoch wie seine Quelle, aber nicht höher; das, was mit der menschlichen Natur beginnt, steigt bis zur menschlichen Natur auf, aber zur göttlichen Natur kann es nicht gelangen. War deine neue Geburt natürlich oder geistlich? Kam sie aus dem Willen des Menschen oder aus dem Willen Gottes? Es hängt viel von deiner Antwort auf diese Frage ab.

Zwischen dem wahren Kind Gottes und dem bloßen Bekenner besteht ein schwerwiegender Unterschied hinsichtlich des Ursprungs. Isaak wurde *kraft der Verheißung* geboren. Ismael wurde nicht aufgrund der Verheißung geboren, sondern durch den Lauf der Natur. Wo das Natürliche genügt, gibt es keine Verheißung. Wo aber die menschliche Kraft versagt, da greift das Wort des Herrn ein. Gott hatte gesagt, dass Abraham einen Sohn von Sarah haben sollte, und aufgrund dieser göttlichen Verheißung wurde Isaak geboren, durch die Kraft Gottes. Es hätte keinen Isaak geben können, wenn es keine Verheißung gegeben hätte, und es kann keinen wahren Gläubigen geben ohne die Verheißung der Gnade und ohne die Gnade der Verheißung.

Lieber Leser, lass mich hier nach deiner Errettung fragen. Bist du errettet durch das, was *du* getan hast? Ist dein Christsein das Erzeugnis deiner eigenen natürlichen Kraft? Glaubst du, dass du all dem entsprichst, was zu deiner Errettung erforderlich ist? Meinst du, dass du dich aufgrund deiner natürlichen Vorzüge und moralischen Fähigkeiten in einem sicheren und glücklichen Zustand befindest? Dann bist du wie Ismael, und das Erbe wirst du nicht erhalten; denn das göttliche Erbteil erhält man nur kraft der Verheißung.

Wenn du dagegen sagst: »Meine Hoffnung beruht allein auf der Verheißung Gottes. Er hat diese Verheißung in der Person Seines Sohnes Jesus jedem Sünder geschenkt, der an Ihn glaubt und Seinem Wort vertraut; und da ich an Ihn glaube, vertraue ich darauf, dass der Herr Seine Verheißung erfüllen und mich segnen wird. Ich erwarte die Glückseligkeit des Reiches der Himmel nicht als Ergebnis meiner eigenen Anstrengungen, sondern als Geschenk der freien Gnade Gottes. Meine Hoffnung ruht allein auf der freien und unentgeltlichen Liebe Gottes zu schuldigen Menschen, aufgrund der Er Seinen Sohn Jesus Christus dahingegeben hat, um die Sünde zu tilgen und denen, die es nicht verdienen, ewige Gerechtigkeit zu verschaffen!«, – so ist das eine andere Art von Sprache als die der Ismaeliten, die sagen: »*Wir haben Abraham zum Vater!*«

Du hast es nun gelernt, so zu sprechen, wie Isaak spricht. Der Unterschied mag den Sorglosen klein erscheinen, aber in Wirklichkeit ist er groß. Hagar, die Magd, ist eine ganz andere Person als Sarah, die Fürstin. Für die eine gibt es keine Bundesverheißung, für die andere gilt der Segen für immer und ewig. Die Errettung aus Werken ist eine Sache, die Errettung aus Gnade eine ganz andere. Die Errettung aus menschlicher Stärke ist weit entfernt von der Errettung aus göttlicher Kraft; und die Errettung aufgrund unserer eigenen Entscheidung ist das Gegenteil der Errettung aufgrund der Verheißung Gottes.

Prüfe dich selbst, zu welcher Familie du gehörst. Bist du einer von Ismaels oder von Isaaks Familie?

Wenn du erkennst, dass du wie Isaak bist, geboren gemäß der Verheißung, so freue dich mit unaussprechlicher und herrlicher Freude. Deine neue Geburt ist etwas Wundervolles. Es gibt Stunden, in denen ich, wenn ich allein dasitze und an die Gnade Gottes für mich denke – für mich, das unwürdigste aller Seiner Geschöpfe –, gleichzeitig lachen und weinen könnte vor Freude darüber, dass der Herr mich jemals in Liebe und Wohlwollen angesehen hat. Ja, und jedes Kind Gottes muss die Auswirkung dieser »Isaaknatur« in seiner Seele erkannt haben, die sein Herz mit Freude erfüllt, weil der Herr große Dinge an ihm getan hat.

Man beachte den Unterschied zwischen den beiden Nachkommen, der sich schon von Anfang an zeigte: Ismael wurde infolge von Abrahams eigenmächtigem Handeln geboren, Isaak hingegen aufgrund *der Verheißung Gottes*. Ismael ist das Kind aus Abrahams Fleisch. Isaak ist auch ein Kind Abrahams; nun aber kommt die Kraft Gottes zum Tragen, und aus der Schwachheit seiner Eltern wird deutlich, dass er vom Herrn ist, ein Geschenk gemäß der Verheißung.

Wahrer Glaube ist sicherlich eine Aktivität des Menschen, der glaubt; wahre Buße ist eine Aktivität des Menschen, der bereut; doch sowohl der Glaube als auch die Buße können mit unzweifelhafter Richtigkeit als das Werk Gottes bezeichnet werden, ebenso wie Isaak der Sohn Abrahams und Sarahs ist, und doch ist er vielmehr ein Geschenk Gottes. Der Herr, unser Gott, der uns zu glauben befiehlt, befähigt uns auch zu glauben. Alles, was wir in gottgefälliger Weise tun, bewirkt der Herr in uns; ja selbst der Wille, es zu tun, ist Sein Werk. Keine Frömmigkeit ist auch nur einen Cent wert, wenn sie nicht im Wesentlichen dem Herzen des Menschen entspringt; und dennoch muss sie ohne jeden Zweifel das Werk des Heiligen Geistes sein, der in ihm wohnt.

Lieber Freund, wenn das, was du in dir trägst, deiner Natur und nur deiner eigenen Entscheidung entstammt, so wird es dich nicht erretten! Das innere Werk muss geistlich sein; es muss von Gott kommen, sonst wird es den Segen des Bundes verfehlen. Ein Leben der Gnade wird dein eigenes Leben sein, ebenso wie Isaak Abrahams eigenes Kind war; aber vielmehr wird dieses Leben von Gott sein; denn *»die Rettung kommt von dem HERRN!« (Jon. 2,10)*. Wir müssen von *oben geboren* sein. In Bezug auf alle unsere religiösen Gefühle und Handlungen müssen wir sagen können: *»HERR, … alle unsere Werke hast Du für uns vollbracht« (Jes. 26,12)*.

KAPITEL

2

UNTERSCHIEDLICHE LEBENSWEISEN

»Auch sind nicht alle, weil sie Abrahams Same sind, Kinder, sondern ›in Isaak soll dir ein Same berufen werden‹. Das heißt: Nicht die Kinder des Fleisches sind Kinder Gottes, sondern die Kinder der Verheißung werden als Same gerechnet. Denn das ist ein Wort der Verheißung: ›Um diese Zeit will Ich kommen, und Sarah soll einen Sohn haben.‹«

Römer 9,7-9

Ismael und Isaak unterschieden sich hinsichtlich ihres Ursprungs, und deshalb gab es einen Unterschied *in ihrer Wesensart*, der sich in ihrem Leben zeigte und vor allem in ihrer *Beziehung zur Verheißung* zu sehen war.

Gemäß der Geburt gestaltet sich auch das Leben, das daraus hervorgeht. Bei dem Menschen, der nur das ist, was er aus sich selbst gemacht hat, wird es nur das geben, was die Natur ihm gibt; aber bei dem Menschen, der durch den Geist Gottes neu geschaffen ist, wird es die begleitenden Zeichen geben. *»Durch Ihn aber seid ihr in Christus Jesus, der uns von Gott gemacht worden ist zur Weisheit, zur Gerechtigkeit, zur Heiligung und zur Erlösung, damit [es geschehe], wie geschrieben steht: ›Wer sich rühmen will, der rühme sich des Herrn!‹« (1.Kor. 1,30-31)*. In dem von Neuem geborenen Menschen wird das vorhanden sein, was das neue Leben mit sich bringt; im natürlichen Menschen wird es nichts derartiges geben.

In Ismael verbanden sich einige der natürlichen Charakterzüge Abrahams mit denen seiner Mutter, der Magd. Er war ein fürstlicher Mann wie sein Vater und erbte das edle Auftreten des Patriarchen. Aber Isaak besaß den Glauben seines Vaters. Als Erbe der Verheißung blieb er bei seinem Vater Abraham, während Ismael sich in der Wüste sein eigenes Lager aufschlug. Isaak suchte die Verbindung mit der alten Abstammung in Mesopotamien; aber Ismaels Mutter nahm ihm eine Frau aus Ägypten, was ganz natürlich war, da sie selbst aus Ägypten stammte. »Gleich und gleich gesellt sich gern«, sagt ein Sprichwort.

Isaak ging *»zur Abendzeit auf das Feld ..., um zu beten« (1.Mo. 24,63)*, denn seine Gedanken kreisten um heilige Dinge; Ismael aber stritt sich mit allen, die sich ihm in den Weg stellten, denn er war irdisch gesinnt. Nachsinnen ist nichts für den wilden Mann, dessen *»Hand gegen jedermann und jedermanns Hand gegen ihn«* ist (1.Mo. 16,12).

Du wirst also feststellen, dass du nicht das verborgene Leben eines Kindes Gottes führen wirst, wenn du religiös erzogen und unterrichtet worden bist und »fromm« wirst, wie man es nennt, und dennoch nicht im Herzen verändert noch vom Heiligen Geist erweckt worden bist. Du magst viele der äußeren Merkmale eines Christen aufweisen, du magst imstande sein, zu singen und zu beten und die Heilige Schrift zu zitieren und vielleicht ein paar kleine, eingebildete Erfahrungen erzählen zu können; aber du musst wiedergeboren sein, um in Tat und Wahrheit die Gemeinschaft der Heiligen zu kennen, den verborgenen Umgang mit dem lebendigen Gott und die Hingabe deiner selbst als dein vernünftiger Gottesdienst (Röm. 12,1).

Ein Kind der Verheißung bleibt bei dem Volk Gottes und betrachtet es als sein Vorrecht, zu ihm gezählt zu werden. Ein Kind der Verheißung erkennt, dass es in der besten Gesellschaft ist, auch wenn kein Mensch es sehen kann oder es gesehen werden kann, wenn der große Unsichtbare sich ihm naht und mit ihm durch Sein Wort spricht. Ein Kind der Verheißung – und dieses allein – ist fähig, auf den Gipfel des Berges Morija hinaufzusteigen, dort auf dem Altar gebunden zu werden und sich Gott hinzugeben.

Ich meine damit, dass nur derjenige, der aus dem Geist geboren ist, sich ganz Gott hingeben und den Herrn mehr als sein eigenes Leben lieben wird. Dein Wesen und Verhalten werden deinem Ursprung entsprechen. Und deshalb bete ich, dass du richtig beginnst, damit du dich, so wie du dich als ein Kind des Reiches Gottes bekennst, auch als ein echter und wahrer Erbe erweisen kannst.

Ismael, der gemäß dem Fleisch Geborene, der Sohn der Magd, muss immer den Makel der Knechtschaft an sich tragen. Der Sohn einer Magd ist nicht frei geboren. Ismael ist und kann nicht das sein, was Isaak ist – der Sohn einer freien Frau. Aber beachtet: Ich sage nicht, dass Ismael je danach verlangte, wie Isaak zu sein; ich sage nicht, dass er sich als Verlierer fühlte, weil er sich von Isaak unterschied; aber in Wirklichkeit war er es.

Der Mensch, der durch sein eigenes Tun, seine Gefühle und seine Selbstverleugnung nach Selbsterlösung strebt, kann über seinen versklavten Zustand unwissend und darum stolz sein; er kann sogar damit prahlen, dass er frei geboren und nie jemandes Knecht gewesen sei; und dennoch verbringt er sein ganzes Leben in Knechtschaft. Er weiß nicht, was Freiheit, was Zufriedenheit, was Freude in Gott bedeutet. Er wundert sich, wenn Menschen von der *»völligen Gewissheit des Glaubens«* sprechen (Hebr. 10,22). Er beurteilt sie als anmaßend. Ihm bleibt kaum genug Zeit, zwischen den Peitschenhieben in seiner Versklavung Luft zu holen. Er hat schon so viel getan, aber er muss noch so viel mehr tun; er hat schon so viel gelitten, aber er muss noch so viel mehr leiden. Er ist nie in die Sabbatruhe eingegangen, die dem Volk Gottes vorbehalten ist (Hebr. 4,9-10); denn er ist von der Magd geboren, und geistlich befindet er sich fortwährend in Knechtschaft.

Wer hingegen von der Freien geboren ist und versteht, dass das Heil von Anfang bis Ende der Gnade Gottes entstammt und dass

Gott Seine Gnade, die Er einmal geschenkt hat, nicht wieder zurücknimmt, denn *»Gottes Gnadengaben und Berufung können Ihn nicht reuen« (Röm. 11,29)* –, ein solcher Mensch, der das vollbrachte Werk Christi annimmt und sich in dem Geliebten begnadigt weiß, der ruht in dem Herrn und freut sich über alle Maßen. Sein Leben und sein Geist sind mit Freude und Frieden erfüllt, denn er wurde frei geboren und ist frei, ja wirklich frei (Joh. 8,36).

Verstehst du, der du dies liest, die Freiheit eines wahren Kindes Gottes? Oder befindest du dich noch in der Knechtschaft unter dem Gesetz, in der Angst vor Strafe, in der Angst davor, in die Wüste weggeschickt zu werden? Wenn das bei dir der Fall ist, dann hast du *die Verheißung* nicht empfangen, denn sonst würdest du wissen, dass solches nicht sein kann. Isaak, dem Sohn *der Verheißung*, gehört das Erbteil, und er bleibt ewig im Haus, ohne Angst, hinausgestoßen zu werden.

Diejenigen, die wie Ismael aus dem Fleisch geboren sind und deren religiöse Ausrichtung auf ihrer eigenen Kraft und Stärke beruht, sind irdisch gesinnt, wie Ismael es war. Nur diejenigen, die *aufgrund der Verheißung* durch den Glauben von oben geboren sind, sind wie Isaak geistlich und himmlisch gesinnt.

Man kann es sehen, wie der aus seiner Natur religiöse Mensch irdisch gesinnt ist. Er geht regelmäßig zum Gottesdienst, aber während er dort sitzt, denkt er an sein Geschäft, sein Haus oder seine Vergnügungen.

- **Hat er Freude an dem gepredigten Wort Gottes, den Gebeten und den geistlichen Liedern?** Nicht wirklich. Er hört die Predigt.
- **Nimmt er** ***»mit Sanftmut das [ihm] eingepflanzte Wort auf, das die Kraft hat,***

[seine Seele] zu erretten (Jak. 1,21)«? Weit gefehlt! Er kritisiert es, als wäre es eine politische Rede.

- **Er spendet Geld für Gottes Sache, wie andere es auch tun.** Natürlich tut er das, denn er meint, dass er dadurch sein Gewissen beruhigen und seinen guten Ruf aufrechterhalten kann.
- **Aber kümmert er sich um die Ehre Gottes?** Keineswegs. Wenn das der Fall wäre, so würde er mehr geben als Geld. Die Gebete seines Herzens würden für das Wachstum des Reiches Gottes zum Thron des Höchsten aufsteigen.
- **Seufzt und weint er über die Sünden der heutigen Zeit?**
- **Schüttet er in der Stille vor Gott sein Herz vor Kummer darüber aus, dass es selbst in seiner eigenen Familie noch Menschen gibt, die noch nicht zu Gott bekehrt sind?**
- **Hat er jemals eine tiefe und heilige**

> **Freude darüber empfunden, wenn Sünder sich bekehrt haben – einen Jubel, weil das Reich Christi wächst?** Oh nein, so etwas kommt bei ihm nie vor. Aller Gottesdienst ist bei ihm nur etwas Äußerliches; in den Kern und das Wesen geistlicher Dinge ist er niemals eingedrungen, und er kann es auch nicht.

»*Das Trachten des Fleisches*« ist immer noch, selbst wenn es religiös ist, »*Feindschaft gegen Gott*«; denn das Fleisch ist nicht mit Gott versöhnt, »*es unterwirft sich dem Gesetz Gottes nicht, und kann es auch nicht*« *(Röm. 8,7)*. Es muss erst ein geistlicher Sinn in dem Menschen erschaffen werden, er muss zu einer neuen Schöpfung in Christus werden, ehe er geistliche Dinge schätzen, verstehen und sich daran erfreuen kann.

Um auf unseren Ausgangspunkt zurückzukommen: »*Ihr müsst von Neuem geboren wer-*

den!« (Joh. 3,7). Wir müssen aus dem Geist geboren werden; wir müssen ein geistliches Leben empfangen, indem wir aus unserem Tod in den Sünden lebendig gemacht werden. Wir können keine Frucht des Geistes tragen, solange wir nicht das innere Leben des Geistes haben. Ismael wird Ismael bleiben, und Isaak wird Isaak bleiben. Wie der Mensch selbst ist, so wird auch sein Verhalten sein. Der Mensch mag zwar mit Augenmaß, Vernunft und menschlicher Kraft sein Bestes tun, wie Ismael es tat; aber nur der Sohn der Verheißung wird sich zum Leben und Wandel des Glaubens erheben, wie Isaak es tat.

»Scharfe Trennungslinien«, mag einer denken. Manchmal ist es ein großer Segen, wenn man diese scharfen Linien gezogen hat, und zwar sehr gerade gezogen hat. Auf diese Weise können wir für alle Ewigkeit auf die richtige Spur gebracht werden.

Neulich sagte jemand zu einem meiner Freunde: »Ich ging einmal hin, um Herrn

Spurgeon zu hören; und als ich in das Tabernakel hineinging, hätte ich, wenn du mich über mich befragt hättest, gemeint, ich sei der religiöseste Mensch, der je in Newington gelebt habe, und gewiss der beste Mann, der je einer Gemeinde angehörte. Aber all das wurde ins Gegenteil verkehrt, als ich an jenem Tag das Evangelium hörte. Mir war quasi jede Feder ausgerupft, als ich den Ort verließ. Ich fühlte mich als der elendeste Sünder, den es auf Erden geben konnte, und ich sagte, dass ich nie wieder zu diesem Mann gehen würde, denn er habe mich ganz und gar ruiniert. Ja«, fügte er hinzu, »aber das war das Beste, was mir je hätte geschehen können. Ich wurde dazu gebracht, von mir selbst und allem, was ich tun konnte, wegzuschauen, hin zu Gott und Seiner allmächtigen Gnade, und zu verstehen, dass ich mich unter die Hand meines Schöpfers beugen muss, sonst könnte ich Sein Angesicht niemals mit Freude sehen.«

Ich hoffe, lieber Leser, dass du selbst diese Wahrheit erkennst; es ist eine ernste Wahrheit! So wie Gott zuerst Adam erschaffen hat, so muss Er uns neu erschaffen, sonst können wir niemals Sein Ebenbild tragen oder Seine Herrlichkeit schauen. Wir müssen unter den Einfluss *der Verheißung* kommen und aus der Verheißung leben, sonst wird unser Leben nie von rechten Grundsätzen geleitet und auf die richtigen Ziele ausgerichtet sein.

KAPITEL

3

UNTERSCHIEDLICHE HOFFNUNGEN

»Wegen Ismael aber habe Ich dich auch erhört. Siehe, Ich habe ihn reichlich gesegnet und will ihn fruchtbar machen und sehr mehren. Er wird zwölf Fürsten zeugen, und Ich will ihn zu einem großen Volk machen. Meinen Bund aber will Ich mit Isaak aufrichten, den dir Sarah um diese bestimmte Zeit im nächsten Jahr gebären soll!«

1.Mose 17,20-21

Es ist durchaus nicht verwunderlich, dass zwei Menschen, die von ihrer Geburt und ihrem Wesen her so unterschiedlich waren wie Ismael und Isaak, auch sehr unterschiedlich waren in *ihren Hoffnungen*. Für Isaak wurde die Bundesverheißung zum Polarstern seiner Existenz. Aber für Ismael war kein solches Licht aufgegangen. Ismael strebte nach großen Dingen, denn er war der leibliche Sohn eines der größten Männer; Isaak aber schaute nach noch höheren Zielen aus, denn er war der Sohn der Verheißung und der Erbe des Gnadenbundes, den der Herr mit Abraham geschlossen hatte.

Ismael mit seinem hochfahrenden und tollkühnen Geist wollte ein Volk gründen, das niemals unterworfen werden sollte, ein Menschengeschlecht, das so unbezähmbar ist wie der Wildesel in der Wüste; und sein Wunsch ist in reichem Maß in Erfüllung gegangen. Ismael verwirklichte im Leben und im Tod die begrenzten irdischen Hoffnungen, die er sich vorgenommen hatte. Aber in dem Buch derer, die den Tag Christi sahen und in der Hoffnung auf die Herrlichkeit starben, ist sein Name nicht verzeichnet. Isaak dagegen blickte wie sein Vater weit voraus, sogar bis zum Tag Christi. *»Er wartete auf die Stadt, welche die Grundfesten hat, deren Baumeister und Schöpfer Gott ist«* (Hebr. 11,10).

Ismael hatte, wie das Kind mit Namen »Leidenschaft« in John Bunyans Pilgerreise, sein

Bestes hier unten auf Erden; aber Isaak erwartete, wie »Geduld«, sein Bestes in der Zukunft. Seine Schätze lagen nicht im Zelt und auf dem Feld, sondern in den Dingen, die man noch nicht sah. Er hatte die große Verheißung des Bundes empfangen, und darin fand er größere Reichtümer, als alle Herden Nebajoths, des erstgeborenen Sohnes Ismaels, ihm bieten konnten (vgl. 1.Chr. 1,29; Jes. 60,7).

Über seinen Augen leuchtete der Morgenstern der Verheißung, und er erwartete einen Mittag des vollen Segens, wenn die bestimmte Zeit erfüllt sein würde (vgl. Ps. 37,6-7; Gal. 4,4; Eph. 1,10). Die Verheißung wirkte so auf ihn ein, dass sie die Richtung seiner Gedanken und Erwartungen lenkte.

- *Ist das bei dir auch so, lieber Leser?*

- *Hast du die Verheißung des ewigen Lebens empfangen und dir zu eigen gemacht?*

- *Hoffst du deshalb auf die Dinge, die noch nicht zu sehen sind?*

- *Hast du deine Augen auf das gerichtet, was niemand sehen kann außer denen, die an die Treue Gottes glauben?*

- *Hast du den Weg der gegenwärtigen sichtbaren Wahrnehmung verlassen und dich auf den Weg des Glaubens an das Unsichtbare und Ewige begeben?*

Ohne Zweifel beeinflusste der Empfang der Verheißung und die Freude an die damit verbundenen Hoffnungen den Sinn und das Gemüt von Isaak, so dass er ein Mensch von ruhigem Geist war. Für ihn gab es keine Kriege und Kämpfe. Er fügte sich den gegenwärtigen Problemen und wartete auf das Zukünftige. Isaak erkannte, dass es, da er nach der Verheißung geboren war, Gottes Sache war, ihn zu segnen und die Verheißung zu erfüllen, die Er ihm gegeben hatte; deshalb blieb er bei Abraham und hielt sich von der Welt fern. Er hoffte in aller Stille und wartete geduldig auf den Segen Gottes. Sein Auge war auf die Zukunft gerichtet, auf das große Volk, das noch kommen sollte, auf das verheißene Land und auf den noch herrlicheren verheißenen Samen, in dem alle Völker der Erde gesegnet sein würden. Weder auf ein ethnisches Volk noch auf ein vergängliches Land war seine Hoffnung gerichtet, sondern auf ein geistliches Volk, das auf einer neuen Erde für immer mit dem Herrn lebt.

All das erwartete er von Gott allein, denn er wusste, dass Gott, der die Verheißung gegeben hatte, Selbst für ihre Erfüllung sorgen würde. Aufgrund dieses Glaubens war er nicht weniger aktiv; dennoch zeigte er nichts von dem stolzen Selbstvertrauen, das bei Ismael so augenfällig war. Isaak war auf seine eigene Weise tatkräftig, in ruhiger Zuversicht auf Gott und stiller

Ergebung in Seinen höchsten Willen. Jahr um Jahr verharrte er in jenem abgesonderten Leben und ertrug tapfer und unbewaffnet die Gefahren, die von seiner heidnischen Nachbarschaft ausgingen – Gefahren, denen Ismael mit seinem Schwert und Bogen entgegentrat. Er vertraute jener Stimme, die sprach: *»Tastet Meine Gesalbten nicht an!«* Er war ein Mann des Friedens, und doch lebte er genauso sicher wie sein kriegerischer Bruder. Sein Glaube an die Verheißung gab ihm Hoffnung auf Sicherheit, ja, er gab ihm schon Sicherheit, obwohl die Kanaaniter noch im Lande waren.

So wirkt *die Verheißung* auf unser gegenwärtiges Leben ein, indem sie uns mit großer Gewissheit erfüllt. Isaak findet seinen Bogen und seinen Speer in seinem Gott, Er ist sein Schild und sein sehr großer Lohn. Ohne einen Fußbreit des Landes sein eigen nennen zu können, wohnte er als Fremdling und

Gast in dem Land, das Gott ihm durch die Verheißung gegeben hatte, und Isaak war zufrieden damit, auf der Grundlage der Verheißung zu leben und sich reich zu schätzen im Hinblick auf zukünftige Freuden. Sein bemerkenswert ruhiger und ausgeglichener Geist, während er das der Welt fremde, nicht der Erde zugehörige Leben eines der großen Pilgerväter führte, entsprang seinem schlichten Glauben an die Verheißung des unwandelbaren Gottes.

Die Hoffnung, die durch eine göttliche Verheißung entfacht wird, beeinflusst das gesamte Leben eines Menschen in seinen innersten Gedanken, Verhaltensweisen und Gefühlen. Solche Hoffnung mag von geringerer Bedeutung sein als ein korrektes moralisches Verhalten, aber in Wahrheit ist sie von lebenswichtiger Bedeutung, nicht nur für sich selbst, sondern auch durch das, was sie in Geist, Herz und Leben bewirkt.

Die verborgene Hoffnung eines Menschen ist ein wahrhaftigerer Prüfstein für seinen Zustand vor Gott als irgendwelche Taten an einem beliebigen Tag oder sogar der für alle sichtbare Eifer eines ganzen Jahres. Isaak geht seinen stillen, heiligen Weg, bis er alt und blind wird und sanft einschläft im Vertrauen auf seinen Gott, der sich ihm geoffenbart und ihn berufen hatte, Sein Freund zu sein, und der zu ihm gesagt hatte: *»Sei ein Fremdling in diesem Land, und Ich will mit dir sein und dich segnen; … und in deinem Samen sollen gesegnet werden alle Völker der Erde« (1.Mo. 26,3-4).*

Wie die Hoffnungen eines Menschen sind, genauso ist er auch. Wenn er seine Hoffnung auf die Verheißung Gottes setzt, so steht es gut um ihn und muss es gut um ihn stehen.

Lieber Leser, was sind deine Hoffnungen?

»Nun«, sagt einer, »ich warte, bis ein Verwandter von mir stirbt, und dann werde ich reich sein. Ich hege große Erwartungen.« Ein anderer hofft auf sein ständig sich ausweitendes Geschäft, und ein dritter erwartet viel von einer vielversprechenden Spekulation. Hoffnungen, die sich in einer dahinsterbenden Welt verwirklichen können, sind bloßer Hohn. Hoffnungen, die keine Aussicht über das Grab hinaus bieten, sind trübe Fenster, durch die eine Seele blickt.

Glückselig ist derjenige, der der Verheißung glaubt und sicher ist, dass sie sich zu seiner Zeit erfüllen wird, und der alles andere in die Hände der unendlichen Weisheit und Liebe legt. Eine solche Hoffnung wird Prüfungen bestehen, Versuchungen überwinden und sich schon hier erfreuen.

Als Christus am Kreuz starb, begannen unsere Hoffnungen; als Er auferstand, wurden sie bestätigt; als Er in den Himmel aufstieg, begannen sie sich zu erfüllen, und wenn Er wiederkommt, werden sie sich verwirklichen. In dieser Welt sollen wir die Nahrung eines Pilgers zu uns nehmen und an dem uns bereiteten Tisch angesichts unserer Feinde sitzen; doch in der zukünftigen Welt werden wir das verheißene Land besitzen, in dem Milch und Honig fließen, ein Land des Friedens und der Freude, *»und die Stadt bedarf nicht der Sonne, noch des Mondes, dass sie in ihr scheinen; denn die Herrlichkeit Gottes erleuchtet sie, und ihre Leuchte ist das Lamm« (Off. 21,23)*. Bis dahin hoffen wir, und unsere Hoffnung ruht *auf der Verheißung*.

KAPITEL

4

NUR EINE VERHEISSUNG

»Wir aber, Brüder, sind nach der Weise des Isaak Kinder der Verheißung. Doch gleichwie damals der gemäß dem Fleisch Geborene den gemäß dem Geist [Geborenen] verfolgte, so auch jetzt.«

Galater 4,28-29

Wenn Brüder so unterschiedlich sind wie Ismael und Isaak, dann ist es nicht verwunderlich, wenn sie in Streit geraten und unfreundliche Empfindungen gegeneinander hegen. Ismael war älter als Isaak, und als die Zeit kam, dass Isaak entwöhnt werden sollte, sah seine Mutter Sarah, wie der Sohn der Magd über ihr Kind spottete. So früh hatte der Unterschied bezüglich Herkunft und Stellung sich zu entfalten begonnen. Dies mag uns als Hinweis darauf dienen, was wir zu erwarten haben, wenn wir das von Gott geschenkte Leben besitzen und Erben kraft der Verheißung sind.

Diejenigen, die unter der Knechtschaft des Gesetzes stehen, können diejenigen, die durch das Evangelium als Freie von Neuem geboren sind, nicht lieben, und auf die eine oder andere Art zeigen sie bald ihre Feindschaft.

Wir denken dabei nicht an die Feindschaft zwischen der gottlosen Welt und der Gemeinde Jesu, sondern an die Feindschaft zwischen Menschen mit einer bloß natürlichen Religiosität und denen, die aus Gott geboren sind. Wir sprechen nicht von den Philistern, die sich Isaak entgegenstellten, sondern von seinem Bruder Ismael, der ihn verspottete. Am schärfsten ist dieser Widerstand der äußerlich Religiösen gegen diejenigen, die von oben geboren sind und Gott im Geist und in der Wahrheit anbeten. Viele wahre Kinder Gottes haben schmerzlich gelitten unter dem grausamen Hass derer, die sich als ihre Brüder ausgaben.

Wahrscheinlich war *Neid* der Beweggrund Ismaels; er konnte es nicht ertragen, dass der Kleinere den Vorrang vor ihm haben sollte. Er schien zu sagen: »Dies ist der Erbe, und deshalb hasse ich ihn.« Vielleicht spottete er über Isaaks Erbschaft und rühmte sich, dass er ein ebenso gutes Recht auf das Besitztum hätte, wie es das Kind der Verheißung jemals haben könnte. So beneiden bloße Bekenner die Stellung der Gläubigen und halten sich selbst für ebenso gut wie die besten derjenigen, die glauben, durch die Gnade Gottes errettet zu sein. Sie selbst verlangen nicht nach der Gnade Gottes, und doch können sie es durchaus nicht ertragen, dass andere sie erlangt haben. Sie beneiden die Heiligen um ihre Hoffnung, ihren Seelenfrieden und ihre Freude an der Gnade Gottes. Wenn einer von euch das so erlebt, dann wundert euch nicht im Geringsten.

Der *Neid* Ismaels zeigte sich am deutlichsten bei dem großen Fest, das anlässlich der

Entwöhnung seines Bruders gefeiert wurde; und ebenso werden die nur bloßen Bekenner – wie der ältere Bruder im Gleichnis (Lk. 15,11-32) – am meisten gereizt, wenn es den größten Anlass zur Freude im Zusammenhang mit dem geliebten Kind des Vaters gibt. Die Musik und das fröhliche Singen der echten Familie Gottes sind bittere Galle und Wermut für stolze, in Knechtschaft geborene bloße Bekenner. Wenn die volle Gewissheit von den Zweifeln befreit wird und die heilige Freude von der Bindung an die Welt, dann setzt der Fleischlich-Religiöse ein spöttisches Lächeln auf und nennt die Gottesfürchtigen verrückt oder fanatisch, oder er spricht mit höhnischem Sarkasmus: »Diese eingebildeten Frommen! Sie meinen, sie seien geistlicher als alle anderen.« Menschen, die zwar religiös, aber nicht wirklich wiedergeboren sind, die sich abmühen und darauf hoffen, durch ihre eigenen Verdienste gerettet zu werden, zeigen gewöhnlich einen bitteren Hass gegen diejenigen, die aus der Verheißung geboren sind.

Manchmal machen sie sich über deren *Schwachheiten* lustig. Es kann sein, dass Ismael den Isaak ein Baby nannte, das eben erst entwöhnt worden sei. Ebenso sind auch die Gläubigen ein schwaches Volk, und es ist sehr wahrscheinlich, dass sie den Spott derer auf sich ziehen, die sich für willensstark halten. Isaak konnte nicht leugnen, dass er schwach war, und auch die wahren Gläubigen können nicht leugnen, dass sie fehlerhaft sind und Schwachheiten haben, die sie zu Recht tadeln können. Aber die bloßen Bekenner machen mehr daraus, als das Recht zulässt, und verspotten die Heiligen wegen solcher Schwachheiten, die sie bei anderen übersehen würden. Wir dürfen es nicht für etwas Befremdliches halten, wenn unsere Schlichtheit und Unvollkommenheit stolze und selbstgerechte Pharisäer dazu bringt, uns und unser Evangelium zu verspotten.

Häufig wird der Spott durch die *Ansprüche* der Gläubigen ausgelöst. Isaak wurde »der Erbe« genannt, und Ismael konnte es nicht ertragen, das zu hören. »Seht nur«, sagt der gesetzlich Fromme, »dieser Mann war vor nicht allzu langer Zeit als Sünder bekannt; nun sagt er, er sei an Jesus Christus gläubig geworden, und deshalb erklärt er, er wisse, dass er errettet und Gott wohlgefällig und gewiss sei, in den Himmel zu kommen. Hat man je von einer solchen Anmaßung gehört?« Wer seine Gebundenheiten liebt, der hasst die Gegenwart eines wahren freien Menschen. Wer die Gnade Gottes zurückweist, weil er stolz auf die eigenen Verdienste vertraut, ist zornig auf den Menschen, der darüber froh und gewiss ist, allein aus Gnaden errettet zu sein.

Vielleicht erschien der kleine Isaak, das Kind solch alter Eltern, dem jungen halbägyptischen Ismael *seltsam und befremdlich.* Niemand erscheint seinen Mitmenschen so sehr als ein Fremdling wie ein Mensch, der von oben geboren ist. Aus dem Glauben an die Verheißung Gottes zu leben, sollte das Angemessenste und Natürlichste auf der Welt sein; aber es wird nicht als solches angesehen. Im Gegenteil, die Menschen halten diejenigen für sonderbare Wesen, die an Gott glauben und aufgrund eines solchen Glaubens handeln. Rebellische Jugendliche spotten immer noch über die Fremden, und Weltmenschen machen sich immer noch über die wahren Gläubigen lustig wegen ihrer Absonderung von der Welt. Für uns ist das ein gutes Zeugnis, denn unser Herr sagte: *»Wenn ihr von der Welt wärt, so hätte die Welt das Ihre lieb; weil ihr aber nicht von der Welt seid, sondern Ich euch aus der Welt heraus erwählt habe, darum hasst euch die Welt« (Joh. 15,19).*

Auf vielerlei Arten, von denen manche so belanglos sind, dass sie keiner Erwähnung bedürfen, kann der Gläubige Prüfungen mit grausamem Spott erleiden, und er sollte darauf vorbereitet sein. Schließlich ist es heutzutage in unserem Land nur eine Kleinigkeit, verfolgt zu werden. Die Flammen der Scheiterhaufen kennen wir nicht, ein Kerker für »Ketzer« enthält keine Gefangenen mehr, und nicht einmal eine Daumenschraube ist noch in Gebrauch. Nur Mut, lieber Christ! Selbst wenn du verspottet werden solltest, so werden dir doch keine Knochen gebrochen; und wenn du tapfer genug bist, die Verachtung zu missachten, so wird nicht einmal dein Schlaf gestört werden, zumindest nicht in unserem Land.

Die Verspottung Isaaks durch Ismael ist nur einer von unzähligen Beweisen der Feindschaft, die zwischen dem Samen der Frau und dem Samen der Schlange besteht. Die Vermischung dieser beiden in Abrahams Familie kam dadurch zustande, dass er nach Ägypten hinabgezogen war und dem Pharao gegenüber in ungläubiger Weise gehandelt hatte. Dann wurde Sarah die ägyptische Magd gegeben, und in einer unheilvollen Stunde des Unglaubens gab Sarah sie ihrem Mann. Viele Tränen waren die Folge.

Keinerlei Verbindung der Nicht-Wiedergeborenen mit der Gemeinde Gottes wird deren Natur ändern; ein Ismael in Abrahams Lager ist immer noch ein Ismael. Gegenwärtig sind die schärfsten Feinde der Wahrheit Gottes diejenigen in unserer Gemeinschaft, die ihr dem Wesen nach fremd sind. Sie sind es, die die Verfechter einer gesunden bibeltreuen Lehre wie Fremde in den Gemeinden aussehen lassen, die doch auf der Grundlage der biblischen Lehre errichtet wurden. Sie machen uns in unserem eigenen Land zu Fremden. Sie sind tolerant gegenüber jeder Art von Irrlehre; aber sie verachten diejenigen, die an die Lehren der Gnade glauben, als wären sie die schlimmsten. Doch ein wahrer Christ, der seinem Gott vertraut und an Seinen Bund glaubt, wird alle Spöttereien und alle Verachtung überleben können, denn er hält *»die Schmach des Christus für größeren Reichtum … als die Schätze, die in Ägypten [sind]« (Hebr. 11,26)*. Es ist keineswegs eine Schande, Gott zu vertrauen – im Gegenteil, es ist für uns eine Ehre, auf Ihn zu vertrauen, der treu und wahrhaftig ist; und wenn wir dafür zu leiden haben, so tun wir es mit Freuden. Darum umgürtet euch mit heiligem Mut, ihr, die ihr durch die Gnade lernt, im Glauben von der Verheißung Gottes zu leben. Wurde nicht das große Haupt der Familie Gottes von den Menschen verachtet und verworfen? Müssen nicht die übrigen Geschwister dem Erstgeborenen gleichgestaltet werden? Wenn wir *»Anteil [haben] an den Leiden des Christus« (1.Pt. 4,13)*, so werden wir auch Anteil an Seiner Herrlichkeit haben; deshalb lasst uns Anteil haben mit dem gekreuzigten *»Erben von allem« (Hebr. 1,2)*.

KAPITEL

5

DIE EWIGE TRENNUNG

»Was aber sagt die Schrift? ›Treibe die Magd hinaus und ihren Sohn! Denn der Sohn der Magd soll nicht erben mit dem Sohn der Freien.‹«

Galater 4,30

Isaak und Ismael lebten eine Zeit lang zusammen. Derjenige, der aus sich selbst religiös ist, und der, der an die Verheißung glaubt, können jahrelang sogar Mitglieder derselben Gemeinde sein; aber sie stimmen nicht miteinander überein und können auch nicht glücklich miteinander sein, denn ihre Grundsätze sind im Wesentlichen entgegengesetzt. Je mehr der wahre Gläubige in der Gnade wächst und in die geistliche Mannesreife eintritt, desto unangenehmer wird er dem Gesetzlichen, und zuletzt wird sich zeigen, dass die beiden keine Gemeinschaft miteinander haben können. Sie müssen sich trennen, und das Wort, das sich an dem Ismaeliten erfüllen wird, lautet: *»Treibe die Magd hinaus und ihren Sohn! Denn der Sohn der Magd soll nicht erben mit dem Sohn der Freien.«* So schmerzlich die Trennung auch sein mag, so entspricht sie doch dem göttlichen Willen und ist notwendig. Öl und Wasser lassen sich nicht vermischen, und ebenso wenig stimmt die religiöse Gesinnung des natürlichen Menschen mit der Gesinnung dessen überein, der aus der Verheißung geboren und von der Verheißung getragen wird. Ihre Trennung ist nur die äußere Folge eines gravierenden Unterschieds, der schon immer bestand.

Ismael wurde fortgeschickt, aber er hörte bald auf, dies zu bedauern; denn er fand größere Freiheit unter den wilden Stämmen des Landes, unter denen er bald ein großer Mann wurde. Er war erfolgreich, und seine Söhne waren Fürsten. Er war an seinem richtigen Platz in der weiten Welt; dort genoss er Ehre und erlangte einen Namen unter den

Großen der Welt. Es ist häufig der Fall, dass der fleischlich-religiöse Mensch viele vortreffliche Gewohnheiten und Verhaltensweisen besitzt; und da er zu glänzen begehrt, begibt er sich in die feine Gesellschaft, wo er geschätzt wird und sich einen Namen macht. Die Welt liebt mit Sicherheit das, was zu ihr gehört (vgl. Joh. 15,19).

Ein religiöser Mensch, der emporzukommen bestrebt ist, verlässt gewöhnlich seine alten Freunde und erklärt offen: »Ich habe die altmodische Art der Religiosität aufgegeben. Solange ich arm war, waren die Heiligen ganz in Ordnung; aber jetzt, wo ich verständiger geworden bin und einen gewissen Namen habe, muss ich mich unter Leuten meines Standes bewegen.« Er tut dies und erhält seine Belohnung. Ismael hatte seinen Anteil in diesem Leben und äußerte nie den Wunsch, am göttlichen Bund und seinen Segnungen teilzuhaben.

Wenn du, lieber Leser, dich in weltlicher Gesellschaft freier und heimischer fühlst als in der wahren Gemeinde Gottes, dann sollst du wissen, dass du zur Welt gehörst, und sollst dich nicht selbst täuschen. So wie dein Herz ist, so bist du selbst. Kein noch so großer Kraftaufwand kann einen Ismael in einen Isaak oder einen Weltmenschen in einen Erben des Reiches Gottes verwandeln.

Äußerlich gesehen und in diesem gegenwärtigen Leben scheint der Erbe der Verheißung nicht auf der sicheren Seite zu sein. Da Christus Hass erdulden musste, muss auch der Erbe der Verheißung in der Gegenwart um Seines Namens willen Verfolgung erleiden.

Ihr, die ihr wie Isaak Kinder der Verheißung seid, solltet diejenigen nicht beneiden, die Erben des gegenwärtigen Lebens sind, auch wenn ihr Leben leichter zu sein scheint als das eure. Ihr werdet versucht sein, es genauso zu machen wie der Psalmist, der die

Gottlosen angesichts ihres Wohlergehens beneidete (Ps. 73,3). In diesem Neid steckt ein gewisses Zurückweichen vor unserer geistlichen Berufung. Sind wir nicht damit einverstanden gewesen, unseren Teil in der Zukunft statt in der Gegenwart zu erhalten? Bereuen wir dieses Versprechen? Außerdem ist es absurd, diejenigen zu beneiden, die selbst so sehr zu bemitleiden sind! Die Verheißung zu verlieren bedeutet praktisch, alles zu verlieren; und die Selbstgerechten hatten nie Anteil daran. Diese weltlichen Bekenner haben kein geistliches Licht und kein geistliches Leben, und sie wünschen sich auch keines.

Welch ein Schaden ist es doch, in der Finsternis zu sitzen und es nicht einmal zu wissen! Sie haben genug Religiosität, um von Menschen respektiert zu werden und mit ihrem eigenen Gewissen zurechtzukommen; aber das ist ein trauriger Gewinn, weil sie in den Augen Gottes abscheulich sind. Sie erleben keinen inneren Kampf, kein Ringen, und sie werden von ihrem Gewissen her nicht verklagt; sie kennen keinen Streit des alten Menschen mit dem neuen; und so gehen sie fröhlich durchs Leben und wissen von nichts, bis ihr Ende kommt. Welch ein Elend, so verstockt und blind zu sein! Darum sage ich es noch einmal: Beneidet sie nicht! Weit besser ist das Leben des Isaak mit seinem Opfer als das des Ismael mit seiner Hoheitsgewalt und wilden Freiheit; denn alle Größe des Weltmenschen wird bald zu Ende sein und nichts übrig lassen als das, was die ewige Welt für sie umso elender machen wird.

Meint aber nun nicht, dass die Gläubigen unglücklich wären. Wenn wir nur in diesem Leben Hoffnung hätten, so wären wir in der Tat elende Menschen (vgl. 1.Kor. 15,19); aber die Verheißung erleuchtet unseren ganzen Lebensweg und macht uns wahrhaft glückselig. Das freundliche Angesicht Gottes, das wir im Glauben sehen, gibt uns »*Freuden in*

Fülle« (Ps. 16,11). Stellt das Leben des Gläubigen so ungünstig wie möglich dar, malt es in den dunkelsten Farben, nehmt ihm nicht nur die Annehmlichkeiten, sondern auch das Notwendigste weg – und selbst dann ist der wahre Christ, wenn es am schlimmsten um ihn steht, besser dran als der Weltmensch, wenn es ihm am besten geht.

Lasst Ismael die ganze Welt haben, ja, gebt ihm so viele Welten, wie es Sterne am Nachthimmel gibt, und wir werden ihn nicht beneiden! Es bleibt unsere Aufgabe, unser Kreuz auf uns zu nehmen und auf dieser Erde mit unserem Herrn Fremdlinge und Gäste ohne Bürgerrecht zu sein, *»wie alle unsere Väter«* es waren (Hebr. 11,13; 1.Chr. 29,15). Denn obwohl die Verheißung für andere weit entfernt zu liegen scheint, erfassen wir sie im Glauben und ergreifen sie, und wir finden in ihr einen »Himmel« schon hier und jetzt. Indem wir bei Gott und Seinem Volk bleiben, halten wir unser uns zugeteiltes Los für weit besser als das der angesehensten und reichsten Menschen dieser Welt. Die Aussicht auf das zweite Kommen unseres Herrn und auf unsere eigene ewige Herrlichkeit in Gemeinschaft mit Ihm genügt, um uns mit Zufriedenheit zu erfüllen, während wir auf Sein ewiges Reich warten.

Dieser Unterschied auf Erden wird im Tod zu einer traurigen Trennung führen. Der Sohn der Magd muss in der Ewigkeit ebenso hinausgeworfen werden wie in der Zeit. Keiner kann in Gottes Reich kommen, der es aufgrund seiner eigenen Taten beansprucht oder sich rühmt, es durch seine eigene Kraft gewonnen zu haben. Die Herrlichkeit ist denen vorbehalten, die aus Gnaden errettet werden, und niemand, der auf sich selbst vertraut, kann dort hineinkommen. Wie schrecklich wird es sein, wenn diejenigen, die sich abmühen, *»ihre eigene Gerechtigkeit aufzurichten«*, und *»sich der*

Gerechtigkeit Gottes nicht [unterwerfen wollen]«, hinausgetrieben werden (Röm. 10,3)! Wie werden sie dann jene Geringen beneiden, die gern die Vergebung im Glauben durch das Blut Jesu annahmen! Wie werden sie ihre Torheit und Bosheit erkennen, dass sie die Gabe Gottes verachtet haben, indem sie ihre eigene Gerechtigkeit der des Sohnes Gottes vorzogen!

Ebenso wie die Personen, die durch Ismael und Isaak repräsentiert werden, letztendlich voneinander getrennt sind, so dürfen auch die Prinzipien, auf denen sie aufbauen, niemals vermischt werden, denn sie können durchaus nicht in Übereinstimmung gebracht werden. Wir können nicht zum Teil durch uns selbst und zum Teil durch die Verheißung Gottes errettet werden. Das Prinzip und die Vorstellung, dass man sich das Heil verdienen könnte, müssen aus der Denkweise ausgetrieben werden. Jeder Aspekt und jede Form davon muss »hinausgetrieben« werden (Gal. 4,30).

Wenn wir so unweise sind, unser Vertrauen teilweise auf die Gnade und teilweise auf unser Verdienst zu setzen, werden wir mit einem Fuß auf dem Felsen und mit dem anderen über dem Meer stehen, und unser Absturz wird gewiss sein. Es kann keine Aufteilung des Werkes oder der Herrlichkeit der Errettung geben. Sie muss ganz aus Gnaden oder ganz aus Werken, ganz von Gott oder ganz vom Menschen sein; aber sie kann nicht halb von dem Einen und halb von dem Anderen sein. Also hört auf mit dem vergeblichen Versuch, zwei Prinzipien zu vereinen, die so gegensätzlich sind wie Feuer und Wasser. *Die Verheißung*, und nur die Verheißung, muss die Grundlage unserer Hoffnung sein, und alle gesetzlichen Vorstellungen müssen absolut als unvereinbar mit der Errettung aus Gnaden verworfen werden.

Wir dürfen nicht im Geist anfangen und dann hoffen, es im Fleisch vollenden zu können (Gal. 3,3). Unser Glaube muss aus einem

Guss sein. Dem alttestamentlichen Volk des Herrn war es verboten, mit gemischtem Saatgut zu säen oder ein Gewand aus einem Gemisch von Leinen und Wolle zu tragen; und für uns ist es unzulässig, Barmherzigkeit und Verdienst, Gnade und Schuld miteinander zu vermischen. Wann auch immer sich die Vorstellung einschleicht, man könne durch Verdienste, Regeln, Gefühle oder die eigene Entscheidung errettet werden, so müssen wir sie unverzüglich hinauswerfen, auch wenn sie uns so lieb ist, wie Ismael es dem Abraham war. Glaube ist nicht Schauen, Geist ist nicht Fleisch; Gnade ist nicht Verdienst; und wir dürfen diesen Unterschied nie vergessen, damit wir nicht in einen schweren Irrtum verfallen und das Erbteil verfehlen, das nur den Erben gemäß der Verheißung gehört.

Das ist unser Glaubensbekenntnis:

»[Doch] weil wir erkannt haben, dass der Mensch nicht aus Werken des Gesetzes gerechtfertigt

wird, sondern durch den Glauben an Jesus Christus, so sind auch wir an Christus Jesus gläubig geworden, damit wir aus dem Glauben an Christus gerechtfertigt würden und nicht aus Werken des Gesetzes, weil aus Werken des Gesetzes kein Fleisch gerechtfertigt wird« (Gal. 2,16).

Auch hier gibt es eine klare Unterscheidungslinie, was die Art und Weise unserer Errettung betrifft, und wir wünschen, dass sie klar und deutlich bleibt:

»So ist nun auch in der jetzigen Zeit ein Überrest vorhanden aufgrund der Gnadenwahl. Wenn aber aus Gnade, so ist es nicht mehr um der Werke willen; sonst ist die Gnade nicht mehr Gnade; wenn aber um der Werke willen, so ist es nicht mehr Gnade, sonst ist das Werk nicht mehr Werk« (Röm. 11,5-6).

Lieber Leser,
erkennst du das?

WEITERE TITEL

dieser Buchreihe

Gemeinde und Mission

Bestell-Nr.: 875.212

Sind dies die letzten Tage?

Bestell-Nr.: 875.280

Der Weg zum Frieden

Bestell-Nr.: 875.238

Was ist biblische Verkündigung?

Bestell-Nr.: 875.213

Was ist ein Christ?

Bestell-Nr.: 875.277

Sünder in den Händen
eines zornigen Gottes

Bestell-Nr.: 875.214

Das Evangelium Jesu Christi

Bestell-Nr.: 875.422